엄마의 이야기를 들려주세요

to. _____

from. _____

자녀가 물어보고 엄마가 기록하는
인생수필집

엄마의 이야기를
들려주세요

국일미디어

엄마,

엄마의 인생이 책 한 권으로 다 담길 수 있을까요?

그 오랜 세월, 눈물과 웃음 사이를 오가며 살아온

엄마의 이야기를 감히 글로 표현할 수 있을까요?

그래도 오늘, 이렇게 책을 선물합니다.

당신의 발자취를 따라가 보고 싶어서요.

어릴 적, 엄마의 손은 세상에서 가장 따뜻한 이불 같았어요.

그 손으로 제 이마를 쓸어넘기며 잠들게 했고,

아침이면 부엌에서 분주히 움직이며 가족을 돌봤죠.

그 손에 새겨진 주름 하나하나가 엄마의 삶, 엄마의 고단함

그리고 사랑의 증거라는 걸 이제야 조금 알 것 같아요.

그러나 엄마,

엄마는 늘 뒤로 물러서 계셨죠.

우리 가족이 무대에서 빛나도록 조명 뒤에서 그림자가 되었죠.

엄마의 꿈은 어디에 두셨나요?

엄마의 웃음은, 엄마의 소망은 어디에 남아있을까요?

이 책은 엄마를 위한 거울이에요.

엄마가 지나온 길, 사랑으로 채운 하루하루를 다시 비춰보며

세상의 가장 아름다운 사람,

엄마의 이야기를 차곡차곡 담습니다.

이제 제가 질문할 차례입니다.

엄마의 이야기를 들려주세요.

무엇을 좋아했고 무엇을 견뎠으며,

무엇을 포기하고 무엇을 붙들었는지.

우리가 함께한 기억뿐 아니라

제가 몰랐던 엄마의 모든 시간들까지요.

이 책을 통해 저는 엄마의 모든 순간을 안아드리고 싶습니다.

그리고 세상에 말하고 싶어요.

"이 분이 나의 엄마입니다. 누구보다 강하고 아름다운 분입니다."

엄마, 이제 당신의 목소리를 들려주세요.

엄마의 인생을, 엄마의 사랑을, 그리고 엄마만의 이야기를.

그 모든 것이 세상 하나뿐인 나의 엄마를 완성했으니까요.

차례

1장

엄마의 어린 시절

1. 어릴 적 생각하면 제일 먼저 떠오르는 풍경은 뭐야?

---

2. 엄마가 아기였을 때는 어땠는지 들은 게 있어?

3. 엄마가 기억하는 가장 어렸을 때의 기억을 듣고 싶어

4. 엄마 이름은 어떻게 지어졌고 어떤 의미가 담겨 있어?

5. 어릴 때 제일 좋아한 놀이를 말해줘

6. 엄마는 어렸을 때 어느 계절을 제일 좋아했어?

7. 엄마가 살던 동네는 어떤 모습이었어?

_____

_____

_____

_____

_____

_____

_____

_____

_____

_____

_____

_____

8. 엄마가 좋아했던 동화책 내용을 알려줘

_____

_____

_____

_____

_____

_____

_____

_____

_____

_____

_____

_____

_____

9. 어릴 때 좋아하던 동물이나 키우던 애완동물은?

_____

_____

_____

_____

_____

_____

_____

_____

_____

_____

_____

10. 기억에 남는 생일 중에 제일 특별했던 날을 얘기해줘

11. 어린 시절 엄마가 제일 무서워했던 건?

---

12. 방학 때 주로 뭐하면서 보냈어?

13. 처음으로 부모님께 칭찬받았던 기억을 떠올려봐

14. 어릴 때 특별히 좋아했던 음식이나 간식은?

_____

_____

_____

_____

_____

_____

_____

_____

_____

_____

_____

_____

2장

부모님과의 나날

15. 엄마의 어머니는 어떤 분이셨어?

16. 엄마의 아버지는 어떤 분이셨어?

17. 두 분의 관계는 어떤 편이었을까?

18. 부모님과 자신이 닮았다고 생각하는 부분은?

_____

_____

_____

_____

_____

_____

_____

_____

_____

_____

_____

_____

19. 형제자매들이랑 제일 신났던 추억을 들려줘

_____

_____

_____

_____

_____

_____

_____

_____

_____

_____

_____

20. 부모님을 도와드리거나 집안일을 맡아서 한 적 있어?

_____

_____

_____

_____

_____

_____

_____

_____

_____

_____

21. 가족 여행 중에 제일 인상 깊었던 곳은 어디야?

Date　　.　　.　　.

22. 부모님께 가장 감사했던 순간은 언제야?

_____

_____

_____

_____

_____

_____

_____

_____

_____

_____

_____

_____

23. 부모님께 궁금한 점이나 하고 싶은 말이 있을까?

24. 가족 중에서 엄마에게 가장 큰 영향을 준 사람은?

25. 명절 때의 특별한 기억이 뭔지 말해줘

26. 형제자매랑 자주 다퉜던 이유는 뭐였어?

_____

_____

_____

_____

_____

_____

_____

_____

_____

_____

27. 가족이 함께 나눴던 제일 큰 기쁨은?

Date   .   .   .

28. 가족들이 엄마를 위해 해준 일 중
제일 기억나는 거

29. 가족과의 관계에서 가장 중요한
##　가치는 뭘까?

_____

_____

_____

_____

_____

_____

_____

_____

_____

_____

_____

30. 가족 간에 사랑을 표현하는 가장 좋은 방법은?

_____

_____

_____

_____

_____

_____

_____

_____

_____

_____

_____

3장

친구와의 관계

Date . . .

31. 어린 시절 제일 친했던 친구는 누구였어?

_____

_____

_____

_____

_____

_____

_____

_____

_____

_____

_____

_____

_____

_____

_____

42 엄마의 이야기를 들려주세요

32. 그 친구랑 처음 만났을 때 얘기를 해줘

33. 어렸을 때 친구들에게 불렸던, 친구를 불렀던 별명이 있을까?

34. 친구들이랑 있으며 가장 행복했던 기억은?

35. 친구랑 싸운 적이 있다면 어떻게
화해했어?

_____

_____

_____

_____

_____

_____

_____

_____

_____

_____

_____

36. 친구랑 함께했던 첫 여행은 어디였어?

37. 우정을 유지하기 위해서 했던 노력에는 어떤 게 있어?

38. 엄마 친구들은 주로 어떤 성격이었어?

39. 친구랑 공부하거나 목표를 이루려고 함께 노력한 경험

40. 학창 시절 친구랑 나눴던 비밀 중 기억나는 건?

41. 친구를 위해 희생했던 일이 있었어?

_____

_____

_____

_____

_____

_____

_____

_____

_____

_____

_____

_____

42. 성인이 되고 나서 멀어진 친구가 있을까?

43. 친구들에게 의지했던 순간이 있었다면 얘기해줘

44. 엄마가 생각하는 진정한 친구는 어떤 사람이야?

_____

_____

_____

_____

_____

_____

_____

_____

_____

_____

_____

45. 지금 가장 친한 친구는 누구야?

_____

_____

_____

_____

_____

_____

_____

_____

_____

_____

_____

_____

4장

청소년기와 청년기

46. 인생의 롤모델로 삼았던 사람이 있어?

47. 부모님께 반항했던 경험이 있다면 말해줘

48. 엄마가 처음 했던 아르바이트는 뭐였어?

_____

_____

_____

_____

_____

_____

_____

_____

_____

_____

_____

49. 청소년기에 제일 좋아했던
패션 스타일은?

50。 처음 부모님으로부터 독립했을 때

_____

_____

_____

_____

_____

_____

_____

_____

_____

_____

51. 경제적으로 자립했다고 느꼈던 순간은 언제야?

52. 처음 술을 마셨거나 취한 경험을 얘기해줘

_____

_____

_____

_____

_____

_____

_____

_____

_____

_____

_____

53. 성인이 되고 처음 맡았던
사회적 책임은 뭐였어?

_____

_____

_____

_____

_____

_____

_____

_____

_____

_____

_____

54. 성인이 되면서 가장 달라졌다고 느낀 점

_____

_____

_____

_____

_____

_____

_____

_____

_____

_____

_____

_____

_____

55. 어른이 되고 제일 기뻤던 순간은
언제야?

_____

_____

_____

_____

_____

_____

_____

_____

_____

_____

56. 성인이 되고 처음으로 산 물건은 뭐였어?

_____

_____

_____

_____

_____

_____

_____

_____

_____

_____

_____

57. 어른이 되고 나서 제일 두려웠던 건?

_____

_____

_____

_____

_____

_____

_____

_____

_____

_____

_____

_____

5장

직업적 도전

58. 사회에 처음 나갔을 때 어땠어?

_____

_____

_____

_____

_____

_____

_____

_____

_____

_____

59. 엄마는 어떤 직장들을 다녔어?

_____

_____

_____

_____

_____

_____

_____

_____

_____

_____

_____

_____

60. 부모님이 엄마에게 기대했던 직업이 있었을까?

61. 일을 하면서 가장 크게 배운 점

_____

_____

_____

_____

_____

_____

_____

_____

_____

_____

_____

_____

_____

62. 일하면서 가장 자랑스러웠던 순간은 언제야?

63. 동료들이랑 제일 즐거웠던 기억을 말해줘

64. 엄마가 원래 꿈꿨던 직업은 뭐였어?

65. 일하면서 제일 힘들었던 순간을 들려줘

_____

_____

_____

_____

_____

_____

_____

_____

_____

_____

_____

_____

66. 성공했다고 느꼈던 순간이 있었을까?

67. 다른 분야에 도전해보고 싶은 게 있어?

68. 사업을 해보고 싶었던 적이 있었는지도 궁금해

69. 엄마가 일하면서 가장 중요하게 생각했던 가치는?

6장

🍀

사랑과 결혼

70. 엄마의 첫사랑 얘기를 들려줘

71. 첫 키스나 첫 데이트는 언제였어?

Date . . .

72. 실연이나 사랑 때문에 슬펐던 경험이 있을까?

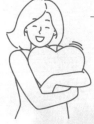

73. 데이트 중에 가장 로맨틱했던 순간은?

_____

_____

_____

_____

_____

_____

_____

_____

_____

_____

_____

74. 엄마랑 아빠는 어떻게 처음 만났어?

---

75. 결혼을 결심하게 된 이유는 뭐였어?

76. 신혼 때 제일 행복했던 추억을
떠올려봐

_____

_____

_____

_____

_____

_____

_____

_____

_____

_____

_____

77. 아빠랑 함께했던 특별한 경험 중
하나를 말해줘

_____

_____

_____

_____

_____

_____

_____

_____

_____

_____

_____

Date . . .

78. 결혼 생활에서 가장 크게 배운 건?

_____

_____

_____

_____

_____

_____

_____

_____

_____

_____

_____

_____

Date . . .

79. 아빠에게 제일 고마웠던 순간은
언제야?

_____

_____

_____

_____

_____

_____

_____

_____

_____

_____

80. 배우자와의 관계에서 제일 중요하게 생각하는 가치

81. 아빠와 살면서 가장 힘들었던 순간은 언제였어?

82. 결혼 전후로 달라진 점 중 가장 크게 느껴졌던 건?

7장

우리와의 만남

83. 우리를 처음 안았을 때 어떤 기분이 었어?

Date . . .

84. 처음 임신한 걸 알았을 때 상황을
얘기해줘

_____

_____

_____

_____

_____

_____

_____

_____

_____

_____

_____

_____

85. 육아하면서 제일 힘들었던 건 뭐였어?

86. 우리가 제일 대견하고 자랑스러웠던 순간

_____

_____

_____

_____

_____

_____

_____

_____

_____

_____

_____

Date . . .

87. 우리에게 자주 읽어줬던 동화나 불러줬던 노래는?

Date   .   .   .

88. 우리랑 함께했던 특별한 기억이 있다면 뭐야?

89. 우리를 키우면서 가장 어려웠던 점은?

90. 육아를 하며 엄마 자신이 변했다고 느낀 적 있어?

91. 우리랑 함께했던 활동 중 제일 재밌었던 건?

_____

_____

_____

_____

_____

_____

_____

_____

_____

_____

_____

92. 우리에게 가장 전하고 싶은 가르침을 말해줘

_____

_____

_____

_____

_____

_____

_____

_____

_____

_____

_____

Date   .   .   .

93. 우리를 키우면서 얻은 교훈은 뭐였어?

_____

_____

_____

_____

_____

_____

_____

_____

_____

_____

_____

_____

94. 우리랑 갈등이 생겼을 때는 어떻게 해결했어?

_____

_____

_____

_____

_____

_____

_____

_____

_____

_____

_____

95. 엄마가 우리에게 가장 기대하는 점을
듣고 싶어

_____

_____

_____

_____

_____

_____

_____

_____

_____

_____

96. 부모가 된다는 건 엄마에게 어떤 의미야?

_____

_____

_____

_____

_____

_____

_____

_____

_____

_____

_____

_____

97. 우리를 키우면서 부모님을 새롭게 이해하게 된 경험

_____

_____

_____

_____

_____

_____

_____

_____

_____

_____

_____

98. 부모의 역할 중 제일 중요한 건 뭘까?

99. 우리에게 본보기가 되고 싶었던 부분이 있었어?

_____

_____

_____

_____

_____

_____

_____

_____

_____

_____

_____

100. 우리가 독립하는 걸 보면 어떤 생각이 들어?

8장

취미와 여가

101。 엄마가 가장 즐겼던 취미는 뭐야?

102. 무언가를 수집하거나 소중하게 간직한 적 있을까?

_____

_____

_____

_____

_____

_____

_____

_____

_____

_____

_____

103. 제일 좋아하는 가수랑 그 가수의 곡은 뭐야?

---

104. 가장 재미있게 봤던 TV드라마를
말해줘

_____

_____

_____

_____

_____

_____

_____

_____

_____

_____

_____

_____

Date . . .

105。 엄마가 좋아하는 영화는 뭐야?

106. 가장 좋아하는 대사나 명언이 있을까?

107。 뮤지컬이나 연극 중에 제일 기억에
남는 건 뭐야?

108. 감동적이었던 음악 공연이나 콘서트가 있다면?

Date . . .

109. 제일 대단했던 미술관이나 박물관 방문 경험

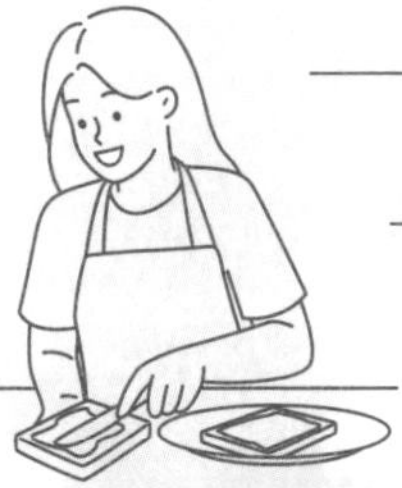

110. 엄마가 감명 깊게 읽은 책을 얘기해줘

Date   .   .   .

111. 시간이 나면 새로 해보고 싶은 취미

_____

_____

_____

_____

_____

_____

_____

_____

_____

_____

_____

_____

Date   .   .   .

112。여가 시간을 제일 즐겁게 보내는 방법

_____

_____

_____

_____

_____

_____

_____

_____

_____

_____

_____

113. 엄마가 제일 좋아하는 연예인은 누구야?

114. 그 연예인의 작품 중 가장 감명 깊었던 건 뭐야?

115。무언가를 창작하거나 만들어본 적 있어?

9장

여행과 모험

116. 엄마가 처음 갔던 여행지는 어디였어?

Date   .   .   .

117. 산, 강, 도시 등 좋아하는 여행 환경은 뭐야?

118. 여행을 갈 때 특별히 챙기는 짐이나 여행 방식은?

_____

_____

_____

_____

_____

_____

_____

_____

_____

_____

_____

119. 음식, 관람, 체험, 숙소, 이동 등 가장 중요한 여행 요소

_____

_____

_____

_____

_____

_____

_____

_____

_____

_____

_____

120. 여행 중에 가장 감동적이었던 순간은 언제야?

121. 여행 가운데 만난 사람 중 특별했던 사람은?

_____

_____

_____

_____

_____

_____

_____

_____

_____

_____

_____

_____

122. 여행 중 예상치 못했던 사건이 있었을까?

_____

_____

_____

_____

_____

_____

_____

_____

_____

_____

_____

_____

123. 여행을 하면서 배운 점을 듣고 싶어

Date   .   .   .

124. 다시 가보고 싶은 장소가 있다면 어디야?

_____

_____

_____

_____

_____

_____

_____

_____

_____

_____

_____

125. 아직 못 가봤지만 꼭 가보고 싶은 곳

_____

_____

_____

_____

_____

_____

_____

_____

_____

_____

_____

_____

126. 여행 중 먹어봤던 특별한 음식이
있을까?

_____

_____

_____

_____

_____

_____

_____

_____

_____

_____

10장

감정과 내면

127. 엄마가 살면서 제일 행복하다고 느낀 순간은?

_____

_____

_____

_____

_____

_____

_____

_____

_____

_____

128. 가장 슬펐던 순간은 어떻게 극복했어?

_____

_____

_____

_____

_____

_____

_____

_____

_____

_____

_____

129. 감사함과 행운을 느꼈던 가장 큰 사건

130. 제일 크게 웃었던 상황을 얘기해줘

_____

_____

_____

_____

_____

_____

_____

_____

_____

_____

_____

_____

131. 엄마가 안정감을 느끼는 장소는?

132. 가장 후회되는 일은 뭐였어?

133. 거짓말을 하거나 물건을 훔친 경험이 있었을까?

_____

_____

_____

_____

_____

_____

_____

_____

_____

_____

Date . . .

134. 힘든 시기에 엄마를 버티게 해준 건 뭐였어?

135. 엄마가 살면서 제일 뿌듯했던 순간은 언제야?

_____

_____

_____

_____

_____

_____

_____

_____

_____

_____

_____

136. 엄마의 자서전을 쓴다면 어떤 교훈을 담을 거야?

_____

_____

_____

_____

_____

_____

_____

_____

_____

_____

_____

_____

137. 엄마가 살면서 가장 미워했던 사람은
누구야?

_____

_____

_____

_____

_____

_____

_____

_____

_____

_____

138. 엄마가 생각하는 엄마의 가장 큰 장점은?

_____

_____

_____

_____

_____

_____

_____

_____

_____

_____

139. 우리가 엄마를 기억했으면 하는 모습

_____

_____

_____

_____

_____

_____

_____

_____

_____

_____

_____

11장

건강과 운동

140。 엄마가 중요하게 생각하는 건강 습관은?

_____

_____

_____

_____

_____

_____

_____

_____

_____

_____

141. 엄마가 제일 건강하다고 느꼈던 때는 언제야?

_____

_____

_____

_____

_____

_____

_____

_____

_____

_____

_____

142. 예전에 즐기던 운동이나 스포츠가
있었을까?

_____

_____

_____

_____

_____

_____

_____

_____

_____

_____

143. 스트레스를 풀기 위해 주로 했던 행동

144. 건강을 위해 바꾼 습관 중 기억에 남는 것 하나

145. 엄마가 생각하는 행복과 건강의
관계는?

_____

_____

_____

_____

_____

_____

_____

_____

_____

_____

_____

_____

146. 엄마가 자주 먹는 건강 음식은 뭐야?

147. 휴식을 취할 때 제일 좋아하는 방법

148. 마음의 건강을 위해 어떻게 관리했어?

12장

꿈과 인생

149. 엄마가 어릴 때 꿈꿨던 미래 자신의 모습은?

_____

_____

_____

_____

_____

_____

_____

_____

_____

_____

_____

Date　　.　　.　　.

150. 그 꿈을 꾸게 된 계기나 인물이 있었을까?

151. 그 꿈을 이루기 위해 어떤 노력을
###　　　했는지 말해줘

_____

_____

_____

_____

_____

_____

_____

_____

_____

_____

152. 어떤 목표를 이루면서 제일 기뻤던 순간은?

_____

_____

_____

_____

_____

_____

_____

_____

_____

_____

_____

_____

153. 꿈을 포기해야 했던 순간이 있었다면?

154. 지금 엄마가 이루고 싶은 목표는 뭐야?

_____

_____

_____

_____

_____

_____

_____

_____

_____

_____

_____

155. 엄마가 극복했던 가장 큰 인생의 역경

_____

_____

_____

_____

_____

_____

_____

_____

_____

_____

_____

_____

Date   .   .   .

156. 우리가 꿨으면 하는 가장 큰 꿈은?

157. 인생에 대해 한마디 정의를 내린다면?

_____

_____

_____

_____

_____

_____

_____

_____

_____

_____

_____

158. 엄마가 꿈꾸는 이상적인 노년은?

_____

_____

_____

_____

_____

_____

_____

_____

_____

_____

_____

159. 마지막 식사를 한다면 무엇을 먹고 싶어?

160. 엄마가 생각하는 죽음의 모습과 장례는?

_____

_____

_____

_____

_____

_____

_____

_____

_____

_____

_____

_____

13장

아름다움에 대하여

161. 엄마가 생각하는 아름다움이란?

_____

_____

_____

_____

_____

_____

_____

_____

_____

_____

_____

162. 엄마가 제일 자신있는 외모나 신체 부위는?

163. 좋아하는 패션 스타일이나 색이 있다면 뭐야?

_____

_____

_____

_____

_____

_____

_____

_____

_____

164. 스스로가 가장 아름답다고 느꼈던
순간은?

_____

_____

_____

_____

_____

_____

_____

_____

_____

_____

_____

165. 어릴 때 외모로 칭찬받았던 경험을
말해줘

_____

_____

_____

_____

_____

_____

_____

_____

_____

_____

_____

166. 외모 때문에 부끄러웠던 순간이 있었어?

167. 아름다움을 유지하기 위해 가장
중요한 습관

_____

_____

_____

_____

_____

_____

_____

_____

_____

_____

168. 외모를 넘어선 진짜 아름다움은 뭘까?

Date . . .

169. 나이를 먹으며 외모가 변했다고 느꼈던 경험

170。 나이를 먹으며 아름다움에 대한 생각이 바뀌었어?

14장

배움과 성장

171。학창 시절 엄마가 제일 좋아했던
과목은?

_____

_____

_____

_____

_____

_____

_____

_____

_____

_____

_____

172. 공부하면서 가장 어려웠던 과목은 뭐였어?

_____

_____

_____

_____

_____

_____

_____

_____

_____

_____

_____

173. 학창시절에 가장 이루고 싶었던 목표는?

174. 공부하면서 배운 중요한 교훈이 있다면?

_____

_____

_____

_____

_____

_____

_____

_____

_____

_____

_____

_____

175. 열심히 공부했던 동기가 있었다면
듣고 싶어

176. 엄마가 생각하는 가장 효과적인
공부 방법

_____

_____

_____

_____

_____

_____

_____

_____

_____

_____

177. 시험을 준비하면서 제일 기억에
남는 순간은?

---

178. 공부를 통해 자신감을 얻었던 순간이 있었다면?

179. 우리가 꼭 배웠으면 하는 지식, 분야가 있을까?

180. 지금이라도 공부하고 싶은 게 있다면 얘기해줘

---

181. 배움을 통해 세상을 바라보는 방식이
바뀐 경험

15장

변화와 지혜

182. 엄마가 느끼기에 과거와 오늘의 제일 큰 차이는?

183. 과거와 달라진 점 중 가장 좋은 점을 말해줘

184. 과거와 달라진 점 중 아쉬운 점을 말해줘

Date   .   .   .

185. 과거의 가치 중 지금도 중요하다고
생각하는 것

186. 요즘 세대의 특징은 뭐라고 생각해?

187. 변화에 적응하려고 노력했던 게 있다면 뭐야?

188. 엄마가 기억하는 가장 큰 사회적 사건

_____

_____

_____

_____

_____

_____

_____

_____

_____

_____

189. 엄마가 생각하는 가장 훌륭한 대통령은?

_____

_____

_____

_____

_____

_____

_____

_____

_____

_____

190. 우리 사회가 바뀌었으면 하는 부분이 있을까?

Date . . .

191。엄마의 종교적 혹은 영적인 신념은 어떤 거야?

192. 지혜를 통해 어려운 순간을 극복했던 경험

_____

_____

_____

_____

_____

_____

_____

_____

_____

_____

_____

193. 지혜로운 선택을 하기 위해 제일 중요한 건 뭘까?

194. 지혜로운 사람이 되기 위해 엄마가 했던 노력은?

_____

_____

_____

_____

_____

_____

_____

_____

_____

_____

_____

195. 지금의 지혜 한 가지를 과거의
엄마에게 전한다면?

_____

_____

_____

_____

_____

_____

_____

_____

                    _____

                    _____

                    _____

                    _____

지은이 유민희

1962년생, 건국대학교 의상학과 졸업.
동네에서 작은 카페와 글쓰기교실을 운영하고 있으며,
세상 누구보다 엄마와 딸을 사랑한다.

엄마의 이야기를 들려주세요

초판 1쇄 인쇄   2025년 2월 13일
초판 1쇄 발행   2025년 2월 20일

지은이   유민희
펴낸이   이종문(李從聞)
펴낸곳   국일미디어
등 록   제406-2005-000025호
주 소   경기도 파주시 광인사길 121 파주출판문화정보산업단지(문발동)
사무소   서울시 중구 장충단로8가길 2(장충동1가, 2층)

영업부   Tel 02)2237-4523 | Fax 02)2237-4524
편집부   Tel 02)2253-5291 | Fax 02)2253-5297
평생전화번호   0502-237-9101~3

홈페이지   www.ekugil.com
블 로 그   blog.naver.com/kugilmedia
페이스북   www.facebook.com/kugilmedia
E - mail   kugil@ekugil.com

ISBN   978-89-7425-942-6 (13190)

* 값은 표지 뒷면에 표기되어 있습니다.
* 잘못된 책은 구입하신 서점에서 바꿔드립니다.